Y llew go lew

LLYFRAU
LLOERIG

Myrddin ap Dafydd

GWASG Carreg Gwalch

Panel Golygyddol:
Meinir Pierce Jones, Emily Huws, Hywel James

ⓗ y testun: Myrddin ap Dafydd

ⓗ y lluniau: Siôn Morris

Argraffiad cyntaf: Medi 1996

Cyhoeddwyd dan gynllun comisiynu Cyngor Llyfrau Cymru.

Dymuna'r cyhoeddwyr gydnabod cymorth Adrannau'r
Cyngor Llyfrau Cymru.

Dymuna'r awdur gydnabod derbyn ysgoloriaeth
gan Gyngor Celfyddydau Cymru i ysgrifennu'r llyfr hwn.

Diolch hefyd am gomisiynau gan CBAC a Theatr Clwyd i'r Ifanc

Rhif Llyfr Safonol Rhyngwladol
0-86381-400-X

Argraffwyd a chyhoeddwyd gan Wasg Carreg Gwalch
12 Iard yr Orsaf, Llanrwst.
☎ (01492) 642031

Y LLEW GO LEW

I Carwyn a Llywarch

Cynnwys

Cyflwyniad

Dair blynedd yn ôl, mi gychwynnais deithio'r wlad i ddarllen a pherfformio cerddi i blant. Mae'n anodd meddwl am ddim mwyach sy'n rhoi mwy o fwynhad na phrofi eu pleser nhw wrth ymateb i sŵn a syniadau mewn barddoniaeth. Weithiau'n rowlio chwerthin nes disgyn oddi ar eu cadeiriau; dro arall, rhaff dawel yn cael ei thaflu atyn nhw a honno'n tynhau gyda'u gwrandawiad.

Mae'r cwestiynau ar ddiwedd y sesiynau yn hwyl hefyd. Un o'r ffefrynnau yw: 'A gawsoch chi eich geni yn fardd?'

'Naddo, mi ge's i fy ngeni'n blentyn. Mae plant yn hoffi geiriau y medrwch chi chwarae efo nhw, geiriau y medrwch chi eu bownsio yn erbyn waliau, geiriau y medrwch chi chwythu drwyddyn nhw a chael eich chwythu ganddyn nhw draw i ryw dir hud. Geiriau mewn gwisg ffansi ydi llawer o farddoniaeth. Dewch i ymuno yn y parti!'

Diolch i lawer o blant, i Carwyn a Llywarch yn arbennig, am ddechrau chwarae gyda rhai geiriau. Fwy nag unwaith, tyfodd y gêm yn gân.

Myrddin ap Dafydd
Medi 1996

Haul y wawr

Mae wedi teithio'r
tywyllwch tamp
ar ei feic modur
gydag un lamp;
chwyrnellu mynd
tu cefn i'r byd
gan gyrraedd yma
jest mewn pryd.

Dacw fo'n codi
rhwng dau fryn
ac mae ei olau
yn felyn-wyn,
a gyrru'n ei flaen
drwy'r awyr y bydd
a'i lamp eto ynghynn
— er ei bod hi yn ddydd!

Ydi'n fory heddiw?

Ydi'n fory heddiw?
Ydi'r nos yn ddydd?
Ydi'r haul o'i garchar wedi dod yn rhydd?

Ydi'n fory heddiw?
Yn fore neu yn bnawn?
Ydi hon yn freuddwyd 'ta ydi'n wir, go-iawn?

Ydi'n fory heddiw?
Wrth rwbio cefn fy llaw i dynnu'r nos o'm llygaid:
Ydi'n haul 'ta glaw?

Ydi'n amser cychwyn
I'r sŵ neu Steddfod, neu sioe?
Ydi'n fory heddiw 'ta ydi heddiw'n ddoe?

Rhywbeth bach sy'n fy mhoeni

Mae'r lleuad yn y gwagle —
Mae hwnnw'n lle gwag iawn.
Ond sut mai gwag yw'r gwagle
A'r lleuad weithiau'n llawn?

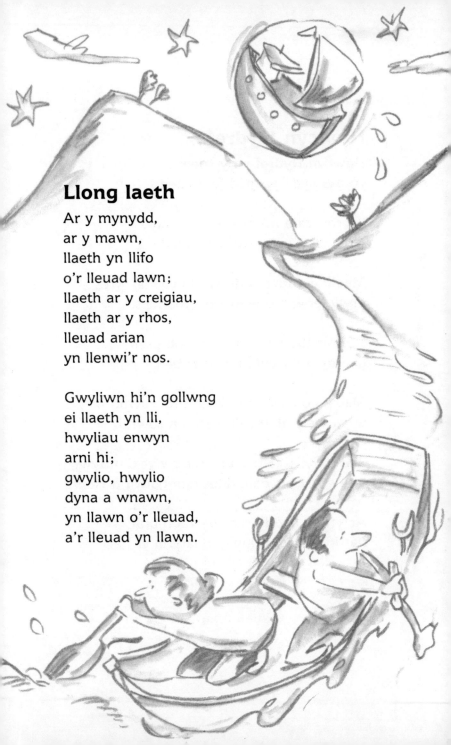

Llong laeth

Ar y mynydd,
ar y mawn,
llaeth yn llifo
o'r lleuad lawn;
llaeth ar y creigiau,
llaeth ar y rhos,
lleuad arian
yn llenwi'r nos.

Gwyliwn hi'n gollwng
ei llaeth yn lli,
hwyliau enwyn
arni hi;
gwylio, hwylio
dyna a wnawn,
yn llawn o'r lleuad,
a'r lleuad yn llawn.

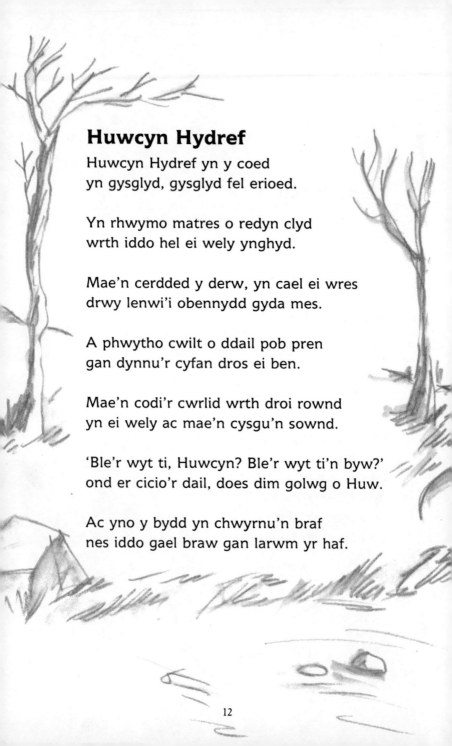

Huwcyn Hydref

Huwcyn Hydref yn y coed
yn gysglyd, gysglyd fel erioed.

Yn rhwymo matres o redyn clyd
wrth iddo hel ei wely ynghyd.

Mae'n cerdded y derw, yn cael ei wres
drwy lenwi'i obennydd gyda mes.

A phwytho cwilt o ddail pob pren
gan dynnu'r cyfan dros ei ben.

Mae'n codi'r cwrlid wrth droi rownd
yn ei wely ac mae'n cysgu'n sownd.

'Ble'r wyt ti, Huwcyn? Ble'r wyt ti'n byw?'
ond er cicio'r dail, does dim golwg o Huw.

Ac yno y bydd yn chwyrnu'n braf
nes iddo gael braw gan larwm yr haf.

Gwyliau gwlyb

Hwyliau du, ffenestri tamp,
pyllau dyfn, hunllefau maith,
oriau blin, cymylau crwm,
dyddiau llwyd ar dywydd llaith.

Gwyliau braf

Hwyliau da a llwybrau teg
dyddiau hawdd, atgofion bras,
traethau gwyn, pelydrau aur,
awyr glir ac oriau glas.

15

Balŵn

Mam roddodd law yn ei phwrs;
y fi oedd yn swnian,
fod y parti'n un simsan
heb falŵns ym mhobman,
ond Mam roddodd law yn ei phwrs.

Dad wnaeth eu llenwi â gwynt;
un felen fel melon,
rhai gleision, rhai cochion,
yn chwyddo fy nghalon,
Dad wnaeth eu llenwi â gwynt.

Ond pwy roddodd y sŵn mewn balŵn?
ar ddiwedd y parti —
rhoi naid ar ei phen hi
a chlec sydd ynddi —
pwy roddodd y sŵn mewn balŵn?

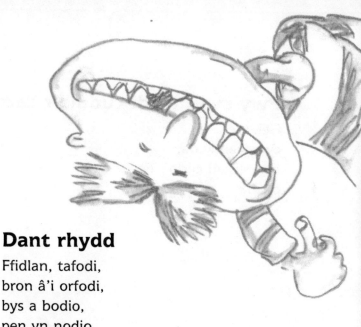

Dant rhydd

Ffidlan, tafodi,
bron â'i orfodi,
bys a bodio,
pen yn nodio,
siglo, chwara,
troi yn ara,
crensian tostyn,
clymu wrth bostyn,
gwasgu, tynnu,
gwthio i fyny,
symud, ailosod,
afalymosod!
Plygu, plycio . . .
ond dim yn tycio.

Eto, wrth wneud dim
ond agor fy ngheg,
mi gefais anrheg
i'r tylwyth teg.

Pwy sydd wedi cuddio'r carped?

Hei, wê!
cyn cael dy de,
mae eisiau clirio'r lle —
o cê?

Dos â'r peli a'r pethau smeli
i mewn i'r bocs o dan y teli;
dos â'r dril niwmatig a'r awyren otomatig
i ryw gornel bell o'r atig;
dos â'r gath drwyn smwt
a'r eliffant o'r enw Pwt
allan i'r cwt
inni gael lle twt.
Dos â'r tedi a'r gwningen efer-redi
i waelod cwpwrdd y blancedi;
cadw Tomos y Tanc a Crimpyn y Cranc
mewn lle mor saff â'r banc, llanc . . .
a rho'r pysgodyn yn ôl yn ei danc.
Dos â'r Cowboi Jo, y bocs dominô,
y jig-sô, y fuwch a'r llo,
y plismon sy'n dweud 'helô'
a'r llyfr do-mi-sô
i'r gist dan glo.
A rho'r llechi yn ôl ar y to.
O . . .
. . . a dyna fo!

Paid!

Paid â chwarae efo dy ffidil
Paid â ffidlan efo dy fysedd
Paid â byseddu dy gyllell a fforc
Paid â fforcio'r bwrdd
Paid â byrddio'r cwch heb siaced achub
Paid ag achub dy gam a thithau ar fai
Paid â beio neb ond ti dy hun
Paid â dihuno cyn brecwast
Paid â brecwasta o hyd ar Grynshi-pops
Paid â popio dy ben lle na ddyla fo ddim bod
Paid â bod yn greulon wrth chwarae
Paid â chwarae efo dy ffidil
Paid â ffidlan
PAID!

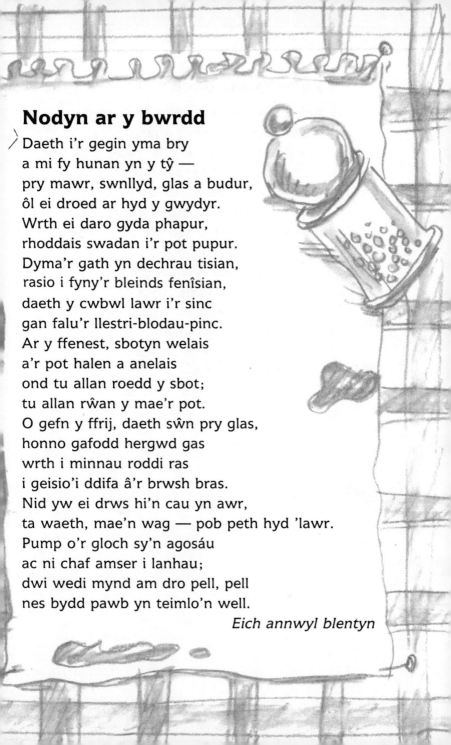

Nodyn ar y bwrdd

Daeth i'r gegin yma bry
a mi fy hunan yn y tŷ —
pry mawr, swnllyd, glas a budur,
ôl ei droed ar hyd y gwydyr.
Wrth ei daro gyda phapur,
rhoddais swadan i'r pot pupur.
Dyma'r gath yn dechrau tisian,
rasio i fyny'r bleinds fenîsian,
daeth y cwbwl lawr i'r sinc
gan falu'r llestri-blodau-pinc.
Ar y ffenest, sbotyn welais
a'r pot halen a anelais
ond tu allan roedd y sbot;
tu allan rŵan y mae'r pot.
O gefn y ffrij, daeth sŵn pry glas,
honno gafodd hergwd gas
wrth i minnau roddi ras
i geisio'i ddifa â'r brwsh bras.
Nid yw ei drws hi'n cau yn awr,
ta waeth, mae'n wag — pob peth hyd 'lawr.
Pump o'r gloch sy'n agosáu
ac ni chaf amser i lanhau;
dwi wedi mynd am dro pell, pell
nes bydd pawb yn teimlo'n well.

Eich annwyl blentyn

Fy mrawd bach

Am fy mrawd bach rwy'n achwyn;
ers ei ddod, ymroes i ddwyn
fy eiddo i gyd, rhywfodd gwae
a chwerwedd yw ei chwarae.
Olwyn wen a balŵn wynt —
mae hyd 'winedd amdanynt.
Â i'r afael am batsh preifat,
Alamèin wrth hawlio mat,
a'r blagárd dros ryw bêl goch
yn derfysg rhwng daearfoch.

Hwn gefais i'm gwallgofi,
ond mae hwn yn frawd i mi.

Y byd mawr

Pwy wnaeth y byd mor anferth
a'i bethau mor fawr?
Rhoi teiars trwm seis trichant i eliffant
i wneud llanast o'n llawr;
codi eirth o adeiladau sy'n llyncu
mêl y wawr;
creu morfilod o longau
sy'n methu troi conglau
a lorris-byffalos
cyhyd â phythefnos
a chreu, o ddur, eryrod
sy'n pigo twll yn y gofod?
Pwy wnaeth y byd mor anferth
a'i bethau mor fawr?

Gwell gen i fyw'n ddiogel
dan bont yr enfys isel,
yng nghwmni adar titw
ar lan afonydd pitw
lle mae ŵyn glân, glân
a phlantos mân
mewn byd bach, bach
bach, glân.

Troi'n chwerw

Dim ond sgorio gôl dros Gymru
roeddwn i;
welais i mo'r jẁg cyn hynny,
wir i chi.

Dim ond ymladd efo clamp o lew
roeddwn i;
ni wyddwn fod y gath yn colli'i blew,
wir i chi.

Dim ond rhedeg ar ôl Carlo
roeddwn i;
welais i mo'r dyn yn peintio,
wir i chi.

Dim ond pedlo fel yr andros
roeddwn i;
welais i mo'r tŷ tomatos,
wir i chi.

Dim ond môr-leidr yn sgyrnygu
oeddwn i;
welais i mo Taid yn cysgu,
wir i chi.

Dim ond chwarae'n dawel drwy'r prynhawn
roeddwn i;
wyddwn i ddim fod y lle 'ma'n beryg iawn,
wir i chi.

Breuddwydion ci

Mae'n dilyn ei drwyn
dros gerrig y traeth,
yn cyfarth ar donnau,
llamu drwy'u llaeth,
yn erlid cwningen
i'w thwll yn y twyn,
dod adref â thywod
dros ei drwyn.

Mae'n dilyn ei drwyn
lle mae'r deiliach yn dew,
yn neidio i'r nentydd
a sgrytian ei flew,
yn tyrchu am esgyrn
a gafodd eu dwyn,
dod adref â daear
dros ei drwyn.

Mae'n dilyn ei drwyn
a'r noson yn oer,
yn moeli ei glustiau,
cyfarth ar loer,
mae'n codi am sguthan
sy'n codi o lwyn,
dod adref ag eira
dros ei drwyn.

Mae'n dilyn ei drwyn
a'i anadlu'n trymhau,
yn gwenu'n ei gwsg,
ei lygaid ynghau;
mae'n rhoi rhyw ochenaid
a griddfan yn fwyn
a chodi un bawen
dros ei drwyn.

Grwndi

Grwndi, grwndi, cysgu cath,
ni fu 'na gysgwr
erioed o'i bath;
ar gwilt y gwely,
ar sêt y ffôn,
yn llygad yr haul,
ar ganol y lôn,
mewn basged ddillad,
ar gaead bùn,
rhwng rhesi tatws,
mae'n cysgu'n dynn.
Grwndi, grwndi, cysgu cath,

ni fu 'na gysgwr
erioed o'i bath;
meddiannu'r soffa
neu yma'n fy nghôl
neu'i thywallt ei hun
dros ben y stôl,
hen focs sgidia,
hen gist de,
neu gwpwrdd dillad,
dim ots ble,
fflop ar garped,
cylch o flaen tân,
torch ar y piano
wedi blino'n lân,
ar ben y bonet,
ar ben y wal
neu yn y ferfa,
does dim dal.
Grwndi, grwndi, cysgu cath
pam na cha' inna
wneud 'run fath?

Limrigau

Aeth hogyn o bentre bach Plwmp
i seiclo, ond collodd ei bwmp;
   wrth frêcio i'w nôl o
   aeth bws i'w ben-ôl o;
pan gododd, roedd ganddo fo lwmp.

Roedd corgi hen wraig o Gwm-sgwt
yn siglo ei gynffon fach bwt,
ond cyn hanner dydd,
ei ben-ôl ddaeth yn rhydd
ac meddai'r hen wraig: 'O, twt-twt.'

Pluo geiriau

Mi welais ditw tomos
(wir-yr, dwi'n saff, dim lol)
pan dynnais dop fy nhracwisg
i wagio 'motwm bol.

Crys-T bach melyn, melyn
a wisgais mewn ras sach
ac yno yn fy motwm
yr oedd caneri bach.

Mi fûm i'n chwarae rygbi
dros Gymru'n chwyrn a chroch
a beth oedd yno wedyn
ond nyth rhyw robin goch.

Mae'r tywydd wedi troi
rhaid cael syrcyn yn y jim
a gyda fi'n y gawod
mae alarch, o bob dim.

Ce's grys fel Jonah Lomu,
un llydan, du fel glo,
pan dynnais y crys hwnnw
mi welais jac-y-do.

Ond dydi 'mrawd erioed
wedi credu'r ffasiwn stwff,
mae o yn hŷn a challach:
does ganddo fo 'mond fflwff.

Dillad newydd

Dda gen i mo'r dici-bô
na'r siwt fach las mae pawb yn ddweud sy'n wych,
oherwydd, pan dwi'n edrych yn y drych,
nid fi sydd ynddo fo.

Dwi ddim rhy hoff o'r sanau gwyn
na'r sgidiau gwichlyd, snichlyd oedd mor ddrud;
mae ffrils y crys yn cosi 'nhrwyn o hyd
a'r goler sy'n rhy dynn.

Dwi fel rhyw ddymi ffenest siop
a'r diwrnod hwn sydd eisoes yn rhy faith,
a tydi'r cap 'ma fawr o help ychwaith,
na'r menig fawr o gop.

Mae'r carnêsion yn fy ngwneud i'n glown:
nid dyma'r steil i un sy'n bwyta bîns;
pam na cha' i fynd i'r briodas yn fy jîns
a'r pymps bach meddal brown?

'Gas gen i wisgo tei

Aeth y tei llwyd
i mewn i'r bwyd.

Aeth y tei coch
i fwyd y moch.

Aeth y tei gwyn
i mewn i'r bùn.

Aeth y tei melyn
i'r goeden gelyn.

Aeth y tei pinc
i mewn i'r inc.

Aeth y tei nêfi
i mewn i'r grêfi.

Aeth y tei mwstard
i mewn i'r cwstard.

Aeth y tei streips
i lawr y peips.

Aeth y tei sbotyn
i mewn i'r potyn.

Aeth y tei fioled
i lawr y toiled.

Aeth y tei glas
hefyd i le cas.

Aeth yr unig dei glân
i mewn i'r tân.

A dyna ddiwedd y gân.

Nid boa constrictyr ydi ciwcymbyr

Dyma nhw'n troi ar Taliesin Bach,
dweud nad ydi o'n bwyta'n ddigon iach,
dweud bod ei feddwl angen brêcs
nad *oes* pysgod aur mewn powlen corn-fflêcs.

'Be sy' arno?' maen nhw mewn sioc yn holi,
'yn galw *coeden* ar ddarn o frocoli?
yn credu, y lembo gwirion bost,
mai hances frown ydi darn o dost,
a rhaid inni hefyd danseilio'i gred
bod pryfed genwair mewn marmalêd.

'Tydi mefus ddim yn drwynau clown
na nionod yn 'winedd arth fawr frown;
nid pabell ydi tjopan borc;
nid awyren fach ydi hon — ond fforc.

'Tydi sosej ddim yn sybmarîn;
nid haul yn machlud ydi tanjarîn;
tydi bîns ddim yn benbyliaid coch
na sbageti yn gynffonnau moch;
tydi byrgar ddim yn olwyn lorri
na'r pâté'n botyn pwti, sori,
a tomato, wir-yr, ydi tomato
nid plismon tew wedi cymryd ato.

'Tydi tjips ddim yn bolion ffens
na sbrowts yn farblis. *Wnei* di weld sens?
Tydi chow-mein ddim yn ddryw coesau cul
na bara Ffrengig yn glustiau mul
a tydi pitsa chwaith ddim yn gloc
i ti gael ei fwyta o dic i doc.'

Waeth ganddyn nhw mai cwch ydi caws
er bod llyncu'r stori honno yn haws,
na, mae i rêsyns reswm, mae ystyr i grystyn
a tydi macaroni ddim yn 'mystyn.

Taliesin bellach sy'n siarad yn iawn
wrth ei fwrdd brecwast a'i de prynhawn,
ond aeth y bychan braidd yn llwyd
heb gael, erbyn hyn, yr un blas ar ei fwyd.

Concars

Mae'n felys eu rhoi mewn finag
ar ôl eu tyllu
a'u rhoi yn y popty i galedu
a thywyllu.

Mae'n llancaidd eu llinynu
ar gwlwm o grïa':
y concar-goncwerwr ar y buarth —
myfi a'i pia!

Mae'n malu'r pwdinau meddal,
yn lluosog-rifo
a tydi hyd yn oed clensh
ddim yn ei brifo.

Ond gwell na holl orchestion
fy nghoncar debol
oedd gweld ei chyfrinach
yn ei chroen dan y deiliach
yn sgleinio fel ebol.

Cadwaladr Ednyfed

'Edrych ar Cadwaladr Ednyfed:
dydi *o* ddim yn gwneud sŵn wrth yfed.
Mae'i grys yn ei drowsus bob tro,
mae'n ennill yn eisteddfodau'r fro,
yn galw'i tsiwawa yn "Kate",
'di o byth yn dweud *boring* na *grêt*.
Mae'n daclus, mae'n cadw dyddiadur,
yn athrylith ar drin cyfrifiadur.
O! bechod na f'ai pob creadur
fel Cadwaladr Ednyfed.

'Edrych ar Cadwaladr Ednyfed:
dydi *o* ddim yn trio dal pryfed.
Mae'n ateb pob cwestiwn mewn cwis,
yn cael seren goch gan Miss,
yn canu o flaen pobol mewn oed
gyda'r llais mwyaf swynol erioed.
Mae'n seren yn yr ysgol ddrama,
gall draethu am ddefnyddioldeb lama.
O! na f'ai pob hogyn yn fan'ma
fel Cadwaladr Ednyfed.

'Edrych ar Cadwaladr Ednyfed:
ni welais 'rioed 'wyllys cyn gryfed.
Mi fydd yn ei wely am saith
yn barod am fory a'i waith.
Mae'n smwddio ei grysau ei hun,
yn ysu am weld bore Llun.
Mae ganddo roséts dirifedi . . .

'Mae'i fam o yn gaeth i dabledi . . .

'O! diolch nad wyt ti'n hen dedi
fel Cadwaladr Ednyfed.'

Teimlo'n nerfus

Mae pili-pala'n
lluchio 'fala
tu mewn i 'mol.

Mae dwrn gorila'n
fy nghalon dila;
dwi'n wan fel dol.

Mae lorri ludw'n
troi fy ngwddw'n
Gosta del Sol.

Mae ofni methu
yn fy llethu:
ofn troi'r drol.

Mae'r cyfan drosodd . . .
doedd o ddim mor anodd . . .
Wel! am hen lol.

Cwyd dy galon

Sych dy ddagrau, cwyd dy galon,
Mi ddaw pethau'n well yn union.
Dacw haul tu ôl i'r cwmwl
Ac mae'n gwenu braf drwy'r cwbwl.

Bocsys i Bosnia

ar ôl darllen yr apêl am anrhegion i blant Bosnia:
'No toy guns, please'

'Rydw i'n holi am ddoli,
chwaer fach i'w haddoli,
rhywun y medraf i
edrych ar ei hôl hi.'

'Pêl, dyna sy' gen inna
isio'r tro yma:
pêl a rhwydi a golia —
a lle i chwara.'

'Mi hoffwn i ddal
tegan meddal,
yn gwmni sy'n gwenu
pan na fedraf gysgu.'

'Ond fedra i ddim trin
na thanc na syb-mashîn:
nid *chwara* efo gynna
y maen nhw'n fan'ma.'

47

Tachwedd y chweched

Cymylau isel
ac awyr ddrwg,
oglau powdwr,
oglau mwg.

Anadl farw
yn dringo fry
o weddillion
y goelcerth ddu.

Hen dân gwyllt
wedi llosgi'n dwll,
y sêr wedi diffodd
a'r byd yn fwll.

A rhai wrth y ffôn
yn disgwyl galwad:
all yr ysbyty
arbed y llygad?

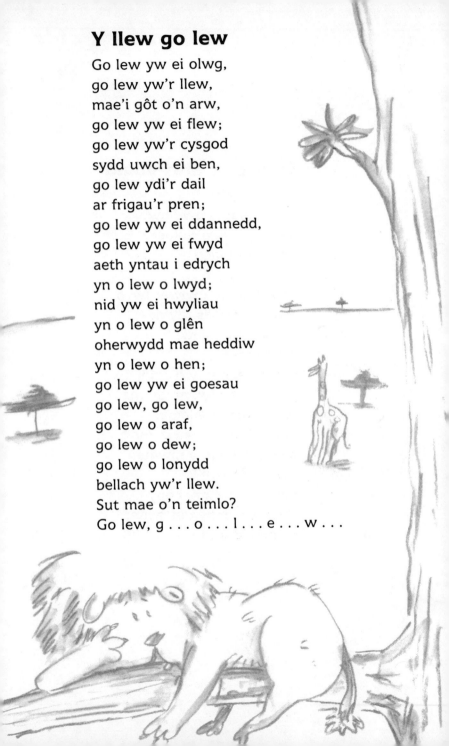

Y llew go lew

Go lew yw ei olwg,
go lew yw'r llew,
mae'i gôt o'n arw,
go lew yw ei flew;
go lew yw'r cysgod
sydd uwch ei ben,
go lew ydi'r dail
ar frigau'r pren;
go lew yw ei ddannedd,
go lew yw ei fwyd
aeth yntau i edrych
yn o lew o lwyd;
nid yw ei hwyliau
yn o lew o glên
oherwydd mae heddiw
yn o lew o hen;
go lew yw ei goesau
go lew, go lew,
go lew o araf,
go lew o dew;
go lew o lonydd
bellach yw'r llew.
Sut mae o'n teimlo?
Go lew, g . . . o . . . l . . . e . . . w . . .

Sgwrs yr anifeiliaid

'How-di-dŵ?'
cyfarchodd y gwdihŵ.
'Faint ydi hi o'r gloch?'
holodd y moch.
'Amser bwyd?'
gobeithiodd y wiwer lwyd.
'Rwyt ti eisoes rhy dew,'
oedd barn y llew.
'Wyt braidd,'
ychwanegodd y blaidd.
'Oes 'na feniw yn fan'ma?'
cwestiynodd y lama.
'Mi gymera' i'r stiw 'ma,'
penderfynodd y piwma.
'Ga' i ddropyn?'
gwichiodd y pry copyn.
'Dwi isio 'mhwdin rŵan,'
mynnodd y sliwan.

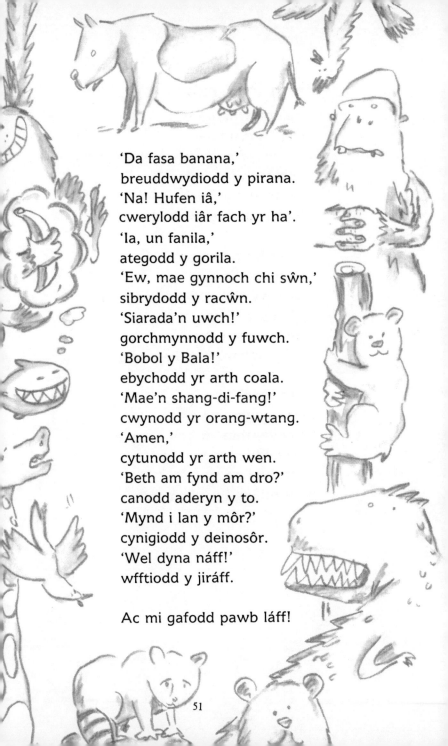

'Da fasa banana,'
breuddwydiodd y pirana.
'Na! Hufen iâ,'
cwerylodd iâr fach yr ha'.
'Ia, un fanila,'
ategodd y gorila.
'Ew, mae gynnoch chi sŵn,'
sibrydodd y racŵn.
'Siarada'n uwch!'
gorchmynnodd y fuwch.
'Bobol y Bala!'
ebychodd yr arth coala.
'Mae'n shang-di-fang!'
cwynodd yr orang-wtang.
'Amen,'
cytunodd yr arth wen.
'Beth am fynd am dro?'
canodd aderyn y to.
'Mynd i lan y môr?'
cynigiodd y deinosôr.
'Wel dyna náff!'
wfftiodd y jiráff.

Ac mi gafodd pawb láff!

Pegi Pen-rallt

Pan ddaw hi draw
ychydig cyn naw
mae pelydrau y wawr yn ei gwallt,
ac mae lliw ar fy moch
pan glywaf y gloch
i 'ngalw at Pegi Pen-rallt.

Pan chwarddwn ni
yng nglesni'r lli,
mae gwymon y môr yn ei gwallt;
melyn yw'r byd,
mae'n Awst o hyd
yng nghwmni Pegi Pen-rallt.

Wrth redeg i'r dre
mae'r gwynt o'r de
yn chwerthin yn braf drwy ei gwallt,
oherwydd mae hi
yn ffrind i mi,
fy ffrind yw Pegi Pen-rallt.

Dyn Tŷ Coch

Mae'r glaw yn glafoerio
ar ddrws Tŷ Coch;
mae 'nghalon i'n rasio,
mae 'nghoesau i'n pwmpio,
mae'n gas gen i basio
drws Tŷ Coch.

Mae llygaid yn llenni
ffenest Tŷ Coch;
byddai'r rheiny yn llosgi
twll drwy fy mhen i
pe meiddiwn i oedi
ger ffenest Tŷ Coch.

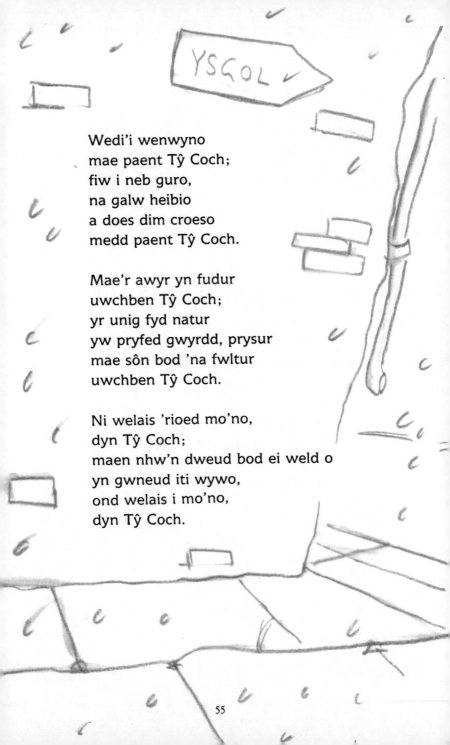

Wedi'i wenwyno
mae paent Tŷ Coch;
fiw i neb guro,
na galw heibio
a does dim croeso
medd paent Tŷ Coch.

Mae'r awyr yn fudur
uwchben Tŷ Coch;
yr unig fyd natur
yw pryfed gwyrdd, prysur
mae sôn bod 'na fwltur
uwchben Tŷ Coch.

Ni welais 'rioed mo'no,
dyn Tŷ Coch;
maen nhw'n dweud bod ei weld o
yn gwneud iti wywo,
ond welais i mo'no,
dyn Tŷ Coch.

Oes 'na rywbeth i de?

'Mae bara brith yn ddwybunt y dorth,
mae'n ddrud fel dwn-'im-be,'
neu dyna'r esgus ar ddydd Llun
nad oes 'na un i de.

Mae hi'n ddydd Mawrth — dwi isio bwyd
ond peintiwrs sydd drwy'r lle
a does dim amser i wneud sgons
a does dim sgons i de.

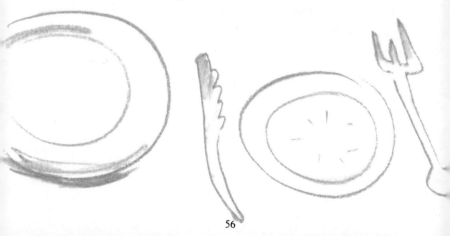

Wythnos heb ddônyt nac iclêr
na theisen têc-awê
na chrempog fêl na chacen jam —
affliw o ddim i de!

Mae'n bnawn dydd Sul ac mi gaf sioc,
mi waeddaf 'Hip-hwrê!'
'Pobol ddiarth,' meddan nhw,
'sydd gennym ni i de.'

Bron iawn

Bu bron i mi weld brontosorws un tro
yn yfed ei baned ar ben y cwt glo . . .

Ac anaconda a mamba ddu
yn plannu riwbob yng nghefn y tŷ . . .

A chamel moel yn cael petrol o'r pwmp
gan wisgo wig ar ben ei lwmp . . .

A hipopotamws a'i geg yn fawr
yn golchi'i ddannedd efo brwsh llawr . . .

A fflamingo mewn sgert fach goch a gwyrdd
yn dawnsio'n greadigol yn Steddfod yr Urdd . . .

A bilidowcar mewn trowsus gwyn
yn trio hwylfyrddio ar draws y llyn. . .

Mi welais i hyn i gyd un pnawn . . .
mi welais i'r cwbwl . . . wel do, bron iawn . . .

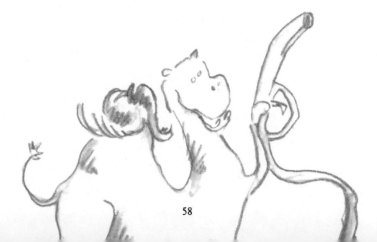

Aberglasydorlan

Yn Aberglasydorlan
mae'r haf mewn siwt bob lliw
ac mae fy nhraed yn cerdded
heb wneud na siw na miw
heb styrbio cyfrinachau
y nant a'r gors a'r rhiw.

Mae buwch goch gota'n agor
botymau'i gwasgod swanc;
mae'r bedw'n fwy ariannog
na sêff mewn unrhyw fanc
a Siani lwyd y cloddiau
sy'n cario bwyd i'w llanc.

Mae deryn ar stilts uchel
ym Mhantycrëyr-glas
ac mae llygoden dyrbo
yn bwrw'r dŵr ar ras
ger coil o neidar drydan,
neu dyna ddwed y gwas.

Daw sbonc o'r fan y llechai
y llyffant yn y llaid
a charreg fechan grychiog
sy'n troi yn garreg naid;
a phwy fu'n godro'r gaseg
ar hyd y perthi, Taid?

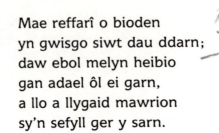

Mae reffarî o bioden
yn gwisgo siwt dau ddarn;
daw ebol melyn heibio
gan adael ôl ei garn,
a llo a llygaid mawrion
sy'n sefyll ger y sarn.

Mae'r mochyn coed heb gynffon
yn addo tywydd braf
a chanfod pili-pala
yn tywallt paent a wnaf
yn Aberglasydorlan
yng nghanol lliwiau'r haf.

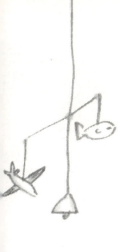

Babi bach

Dwi'n hoffi cosi, cosi,
cesail, llaw a throed
a chwerthin am fod fan'ma
y lle difyrra 'rioed.

Dwi'n hoffi cogio, cogio:
cau fy llygaid yn dynn
a neb yn medru 'ngweld i —
er 'mod i'n dal fan hyn.

Dwi'n hoffi stori, stori
sydd ar dudalen wen,
stori sy'n codi, codi
ac aros yn fy mhen.

Yr eira cyntaf

Moel Siabod heddiw'n hufen iâ
yn dal yr haul — ond nid haul yr ha'.

Y Glyder Fach a'r Glyder Fawr —
crempogau wedi dod i lawr.

Tryfan a Phen yr Ole Wen:
dwy gacen Dolig ar bob pen.

Y Drosgl a'r Drum; Foel Fras, Foel Grach:
rhesaid o fferins gwynion bach.

Siwgwr eisin dros weddill y gang
ac mae'r Carneddau'n ddarn o feràng.

Ond blaidd y gaeaf sydd fan hyn
yn dangos ei res o ddannedd gwyn.

Rhagfyr

Rhag ofn:
Carol;
Rhag moelni:
Celyn;
Rhag oerfel:
Tân;
Rhag newyn:
Gwledd;
Rhag unigrwydd:
Uchelwydd;
Rhag hunllef:
Hosan;
Rhag colli:
Cael;
Rhag anghofio:
Rhoi;
Rhag tywyllwch:
Seren;
Rhag gaeaf:
Nadolig;
Rhag diwedd blwyddyn:
Rhagfyr.

Swper blin

Gwaeth na gwialen,
gwaeth na chwip-din,
gwaeth na'r un carchar
ydi swper blin.

Mae'r gadair yn grwgnach
wrth fynd am y bwrdd
a'r wal ochr bellaf
yn edrych i ffwrdd.

Mae'r halen a'r pupur
wedi colli eu blas,
tatws yn twt-twtian
wrth ei gilydd yn gas.

'Brensiach!' meddai'r bresych,
'be 'ti 'di'i neud?'
A does gan y moron
ddim mwy i'w ddweud.

Condemnio mae'r cennin,
ceryddu mae'r cig
a'r grêfi sy'n edrych
i lawr ei big.

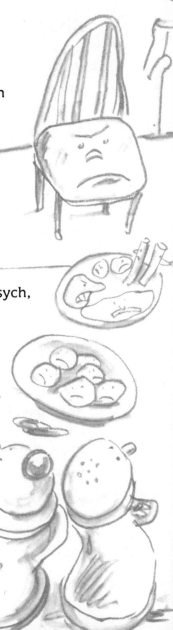

Mae'r llwy yn troi arna' i
a'r fforc sy'n gytûn
a tydi'r hen bwdin
ddim yn fo'i hun.

Che's i ddim bonclust
na fy ngham-drin
ond gwaeth na'r un gosb
ydi swper blin.

Y Tylwyth Têc-awê

'Be maen nhw'n 'neud efo'r dannedd i gyd,
y *nhw* sy'n llond pob lle
sy'n hel y gwynion
dan obenyddion —
y Tylwyth Têc-awê?

'Be ydi'i gwerth ar y farchnad ddu —
y wên sy'n llenwi 'ngheg?
Ydi'r tylwytha
yn dipyn o Faffia,
eto'n talu'n ddigon teg?

'Ydyn nhw'n hel i gael set lawn
i'w model deinosôr?
Gneud noda pianos,
llenwi tylla Polos?
neu gerrig bach glan môr?'

*Eu cadw i gyd mewn crochan aur
mewn ogof o dan y ddôl,
pob wythnos wobli
pob un a'i stori
pob gwyn na ddaw yn ôl.*

Cloc tywod

'Beth sy'n y tywod, Cara fach?
beth sy'n dy dynnu di?
dy ddwylo fel cwpanau bach
wrth godi caer i mi,
gan gau y drws â chregyn glas
rhag ras holl donnau'r lli.'

'Mae amser yn y tywod, Mam,
mae'n heddiw ac mae'n haf,
mae merch o'r môr a'i chariad, Mam,
mewn gwely gwymon braf,
a sgwennu'i henw ar y traeth
ar bnawn o haf a wnaf.'

'Ond troi mae'r llanw, Cara fach,
y mae gwefusau gwyn
yn chwalu â'u cusanau bach
dy freuddwyd erbyn hyn;
mae blas yr heli yn dy wallt
yn hallt — paid bod mor syn.'

'A ga' i fynd â'r tywod, Mam,
mewn cragen gyda mi,
a darn o'r haul uwch ben y bae
yn gof amdani hi —
y ferch a ddaeth, a aeth yn ôl,
yn ôl i donnau'r lli?'

Croesi'r stryd

Pan ddaw'r bach a'r mawr
law yn llaw;
pan ddaw'r gwan a'r cry
law yn llaw:
bydd dy dynerwch di
yn fy ngofal i.

Mae lle i'r lleiaf
law yn llaw;
mae nerth mewn gwendid
law yn llaw;
gad imi ddangos
y stryd yn aros.

A phan fydd fy ngwendid innau
law yn llaw
gyda dy gryfder dithau,
law yn llaw:
bydd fy nhynerwch i
yn dy ofal di.

Bobol Bach!

'Mae eisiau gras a 'mynedd, oes
o, bobol bach!'
meddai'r Meistar wrth ei sbaniel
yn fawr ei strach.
'Rwy'n colli ambell ffesant dew,
cwningod lu;
mae tlodion y plwy'n eu cipio hwy
i'r crochan du.

'Groes ynghroes o'r coed i'r dŵr
mae llwybrau troed
a'r hawl i'w cerdded gan y bobol fach
yn bod erioed.
Does dim heddwch ar lawnt y plas
ar unrhyw awr,
does dim lle i sipian te
gan y bobol fawr.'

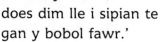

Ac meddai'r Meistar wrth ei gi,
gan farcio'i dir:
'Mi godaf wal o gylch y stad,
un uchel, hir;
bydd cerrig miniog ar ei chrib
all atal cawr;
mae ffin yn beth iach rhwng y bobol fach
a'r bobol fawr.'

Daeth seiri meini at y gwaith
o'i chodi hi,
ac Arglwydd Stad y Faenol oedd
yn fawr ei fri:
'Sbiffing! Syniad da-di-da,'
a ddwedai'r crach.
'Mae wedi dwyn ein coed,' a ddwedai'r
bobol fach.

Wrth ymyl prif fynedfa'r plas
y mae Ty'n Nant,
tyddyn hen wraig yn dal yr haul
yng nghil y pant;
rhosys melyn wrth ei ddrws
a gardd o goed,
a theulu'r wraig oedd wedi byw
yno erioed.

Yr oedd y wal yn codi'n dal
heb fwlch, heb dro
ond y Meistar mawr a welodd yn awr
ei rwystr o:
os oedd am gadw wal ei stad
yn union, syth,
fe fyddai'n rhaid chwalu i'r llaid
Dy'n Nant am byth.

Ceisiodd brynu'r lle ag arian:
gwnaeth hyn drwy deg;
pan fethodd, ceisiodd fygwth y wraig
â dwrn a rheg.
Torrodd ei rhosys melyn a'i dychryn
gyda'i gi,
ond dal ei gafael yn y tŷ'n yr haul
wnaeth hi.

A heddiw'n y pant yn Nant-y-garth
mae'r wal ddi-slant
yn gorfod troi ar bedwar tro
i osgoi Ty'n Nant.
Mae'r Meistar mawr yn awr mewn arch
a'i gi mewn sach,
ond saif o hyd ei safiad hi,
yr hen wraig fach.

NODYN: *Tŷ a gardd wrth droed allt Nant-y-garth ger y Felinheli yw Ty'n Nant. Yr hyn sy'n hynod am y tŷ yw fod wal fawr Stad y Faenol yn rhoi pedwar tro siarp o gwmpas yr ardd fechan. Mae'r tŷ'n ymddangos fel petai wedi tyfu yng nghesail y wal. Y stori y tu ôl i hyn yw fod gŵr y plas wedi ceisio prynu'r tŷ er mwyn codi wal union, uchel, urddasol. Ond er ceisio dwyn perswâd ac er pob bygythiad, gwrthododd y wraig fach oedd yn byw yn y tŷ symud i wneud lle i wal y dyn mawr. A hyd heddiw, mae'r tŷ fel tolc yn wal y Faenol.*

Nos da

Ti ydi'r mul,
fi ydi'r llwyth;
cloc yn taro
chwarter i wyth.

Ti ydi'r goeden,
fi ydi'r dail;
deffro, cysgu,
bob yn ail.

Ti ydi'r camel,
fi ydi'r lwmp,
traed ar y grisiau:
bwm-ti-bwmp.

Mewn dan y dŵfe,
rhoi 'mhen i lawr,
stori a sws
a nos da'n awr.

LLYFRAU LLOERIG

Rhai o deitlau diweddaraf y gyfres

Rhagor o farddoniaeth gan
Wasg Carreg Gwalch